ISBN 3 7641 0064 8
B 154/1
Alle Rechte vorbehalten
Deutsch von Ingrid Weixelbaumer
Titel der Originalausgabe „The Story of Bip"
Published by Harper & Row, Publishers, New York
© 1976 by Marcel Marceau
© 1976 by Annette Betz Verlag München
Printed in U.S.A.

**Für alle Menschen dieser Welt
und für alle, die noch
Kinder im Herzen sind.**

Kennst du Bip? Ich kenne ihn sehr gut.
Er wurde in Frankreich, in der großen,
schönen Stadt Paris geboren.
Das ist Bip. Bip mit dem blassen Gesicht.
Er hat einen Zylinderhut auf und obendrauf
eine rote Blume, die wippt.
Bip — er ist wie ein Traum vom Mond.
Da steht er, gegen die alte Gaslaterne gelehnt,
die trüb ist von der Zeit. Bip — das bin ich.

Ich hatte immer davon geträumt, ich wäre ein Zauberer. Und in dieser besonderen Nacht träumte ich das noch wunderbarer als sonst. Plötzlich spürte ich, wie Flügel aus meinen Schultern wuchsen. Ich erhob mich vom Boden und flog über die Dächer.
Ich schwebte höher und höher. Ich flog durch die Wolken und sah unter mir die Erde, die Flüsse, die Täler. Selbst die Berge waren so klein wie Ameisenhügel. Ich schwang mich über die Meere und jagte mit den Stürmen.

Ich schwebte zwische strahlenden Sonnen. Das war schrecklich - und machte mich schrecklich glücklich

Plötzlich fiel die Nacht herein. Ich sah unzählige Sterne und zwischen ihnen die Erde. Sie schien wie ein flammend blauer Edelstein. Ich fühlte mich weit, weit weg von den Menschen. Weit weg von all den Dingen, die ich geliebt hatte. Weit weg von dem Leben, in dem ich gelacht und geweint hatte. Ich war ein Engel geworden.

Das Tageslicht kehrte zurück. Die Sterne verblaßten am Himmel. Der Mond wurde so bleich, daß ich ihn nicht mehr sehen konnte. Ich spürte, daß es mich gefährlich nahe zur Sonne hinzog, wie einen Nachtfalter zur Flamme. In den Strahlen der goldenen Sonne fing einer meiner Flügel Feuer. Dann auch der andere. Ich wollte weinen. Aber ein Engel hat keine Tränen.

Ich fiel durch den Weltraum, mit brennenden
Flügeln, und landete auf einer fremden Welt.
Da war nichts, was ich wiedererkennen konnte.
Kein grünes Laub, keine Atmosphäre, keine
Zeit. Lebte ich in einem schönen Traum?
Ich sah wundersame Landschaften, phantastische Schatten,
Farben von einer anderen Welt. Wie lange
war ich schon hier? Ich fühlte mich einsam inmitten dieser
fremden Schönheit. Ich bekam Sehnsucht nach Menschen.
Ich wünschte mir, unter Männern, Frauen und Kindern zu sein.
Ich wollte ihnen alles über jene Welt erzählen. Aber ich hatte
keine Flügel mehr. Sie waren in den Strahlen
der großen Sonne verbrannt.

Ich blickte zum Himmel
hinauf und bat den Mond um
Hilfe. Aber der Mond antwortete:
„Du mußt die Erde um Hilfe bitten.
Du *bist* auf dem Mond." Ich wünschte
mir, ich könnte eine Träne spüren, die meine weiße
Wange hinunterlief. Ich wollte das Klopfen
meines Herzens fühlen. Aber ich hatte kein Herz mehr,
keinen Körper, keine Tränen. Ich war ein Geist geworden.
Und dann sah ich Bip. Er schwebte ruhig im Raum.
Ich erschrak. Aber dann dachte ich: Das ist gar nichts
Schreckliches. Ich bin eben sein Geist. „He du! Warte auf mich!"
Und es gelang mir, Bips Schultern zu fassen. Ich schlüpfte in meinen Körper
zurück, und sogleich fühlte ich mein Herz schlagen.

Nun wünschte ich mir, zur Erde zurückzukehren. Ich kämpfte mir meinen Weg durch magnetische Stürme. Blitze zuckten rings um mich. Ich wurde hin und her geschleudert wie ein blinder Vogel. Ich dachte: Bip, das ist das Ende von allem.

Dann, plötzlich, war alles wieder still. Langsam glitt ich zur Erde nieder. Ich landete im Wipfel eines riesigen Baumes und rutschte an seinem Stamm auf den Erdboden hinunter.

In einem kleinen Teich sah ich Bips blasses Gesicht und die roten Lippen, die sich im Wasser spiegelten. Tränen liefen über meine weißen Wangen. Da war ich nun. Ein lebendes Wesen. Eines unter Millionen Geschöpfen, die die Erde bevölkern.

Ich verließ den Wald und die Felder und spazierte durch eine große Stadt. Da sah ich Menschen — aus allen Ländern der Welt. Früher hatte ich in meiner eigenen kleinen Welt gelebt. Aber jetzt wollte ich den Leuten von meiner Entdeckung erzählen. Ich war Teil des Universums — mit seinen Millionen Sternen und Planeten. Teil des Himmels und des Mondes und der Sonne. Teil von *ihnen* — den Menschen auf der Erde. Und ich wollte ihnen sagen, daß diese Welt nicht nur aus Gewalt und Grausamkeit besteht. Daß es darin auch Harmonie, Liebe und Frieden geben kann.

Das menschliche Leben gleicht einem wachsenden Baum in einem schönen Garten. Ich wollte meine Freude hinausschreien, aber meine Stimme war stumm. Ich lächelte den Menschen zu. Sie lächelten zurück.

Aus der Stadt lief ich zurück zu den Feldern.
Ich trank das Wasser und küßte die Erde.
Und ich begann zu laufen. Ich pflückte Blumen
und ahmte den Flug der Vögel nach. Ich wollte
eine riesengroße Blume an die Welt verschenken.

Zurück auf der Straße, fühlte ich unter meinen Füßen lautlos Millionen Autos rollen. Die Luft war von Musik erfüllt. Ich konnte nicht sehen, woher sie kam. Ich blickte rings um mich. Am Ende einer weißen Straße war ein schwarzer Punkt am Horizont. Ich lief schneller und schneller. Der Punkt zog mich an wie ein Magnet.

Jetzt hörte ich eine wunderschöne Musik. Sie klang wie eine Symphonie von Vogelstimmen. Der kleine Punkt war zu einem riesigen Zirkuszelt geworden. Brüllendes Lachen scholl mir von drinnen entgegen. Ich berührte die Zeltwand. Mein Herz pochte. Ein Trommelwirbel dröhnte.

Plötzlich war Stille. Die Vorhänge öffneten sich, und eine unsichtbare Kraft schob mich in die Arena. Ich wollte der Menge alles erzählen, was ich fühlte, aber ich war sprachlos. Und eine Stimme in mir sagte: Bip — JETZT wirst du zum Zauberer. Zeige den Menschen den Zauber ihrer Welt.

Viele tausend Augenpaare blickten auf mich, als ich in die Mitte der Arena trat. Wie konnte ich ohne Worte zu ihnen sprechen? Langsam begann sich mein Körper zu bewegen. Arme und Beine, Hände und Füße, mein Gesicht, meine Seele formten sich zu einem stummen Aufschrei. Und in einer ungeheuren Geste umfing ich die leere Luft und umarmte die Welt.